BEI GRIN MACHT SICH IHR WISSEN BEZAHLT

- Wir veröffentlichen Ihre Hausarbeit,
  Bachelor- und Masterarbeit

- Ihr eigenes eBook und Buch -
  weltweit in allen wichtigen Shops

- Verdienen Sie an jedem Verkauf

Jetzt bei www.GRIN.com hochladen und kostenlos publizieren

Heiko Ennen

Marktübersicht und Leistungskomponenten von Online-Shops

GRIN Verlag

Bibliografische Information der Deutschen Nationalbibliothek:

Die Deutsche Bibliothek verzeichnet diese Publikation in der Deutschen National-
bibliografie; detaillierte bibliografische Daten sind im Internet über http://dnb.d-
nb.de/ abrufbar.

Impressum:

Copyright © 2008 GRIN Verlag GmbH
Druck und Bindung: Books on Demand GmbH, Norderstedt Germany
ISBN: 978-3-638-94308-6

Dieses Buch bei GRIN:

http://www.grin.com/de/e-book/90551/marktuebersicht-und-leistungskomponenten-
von-online-shops

GRIN - Your knowledge has value

Der GRIN Verlag publiziert seit 1998 wissenschaftliche Arbeiten von Studenten, Hochschullehrern und anderen Akademikern als eBook und gedrucktes Buch. Die Verlagswebsite www.grin.com ist die ideale Plattform zur Veröffentlichung von Hausarbeiten, Abschlussarbeiten, wissenschaftlichen Aufsätzen, Dissertationen und Fachbüchern.

Besuchen Sie uns im Internet:

http://www.grin.com/

http://www.facebook.com/grincom

http://www.twitter.com/grin_com

Seminararbeit an der staatlich anerkannten Fachhochschule
Pinneberg der AKAD. Die Privat-Hochschulen.

Bielefeld, 14.05.2008

Seminararbeit
Fallstudie Onlineshop

Thema:

Marktübersicht und Leistungskomponenten
von Online-Shops

Heiko Ennen

Inhaltsverzeichnis

Tabellenverzeichnis

1. Der Online-Shop

1.1. Definition

Mit einem Online-Shop ist ein Geschäftsmodell gemeint, indem digitale Produkte, physische Produkte sowie Dienstleistungen angeboten werden können.[1] Dabei handelt es sich grundsätzlich um Software mit einer Warenkorbfunktionalität.[2]

1.2. Erfolgskriterien

Reine Internethändler haben den Vorteil, dass sie keinen physischen Verkaufsraum mehr brauchen. Zudem wird kein oder nur wenig Lagerraum benötigt, da die Internethändler eine Lieferung oft direkt vom Hersteller veranlassen bzw. die Waren je nach Bedarf bestellen können. Die daraus eingesparten Festkosten lassen sich dann an den Verbraucher weitergeben werden. Diese Strategie ist grundlegend für den Erfolg von Online-Shops.[3]

1.3. Ziele

Die Einführung eines Online-Shops sollte grundsätzlich eine strategische Entscheidung des Unternehmens sein und sollte damit im Einklang mit den Unternehmenszielen stehen. Es ist zu prüfen, welche Vorteile man mit der Einführung erreichen möchte. Daraus abgeleitet können die Kosten für die Erstellung mit den zu erwartenden zusätzlichen Gewinnen bilanziert werden.[4]

1.4. Entwicklung und Verbreitung

Im Bereich des Business-to-Customer (B2C) Geschäfts haben die Online-Shops in den letzten Jahren einen festen Platz eingenommen. Sie gelten als das dominierende Geschäftsmodell des Electronic Commerce. Trotzdem lässt sich bei der Konzeption und bei der Einführung von Online-Shops eine konsequente Vorgehensweise vermissen. Zu oft werden die neuen Technologien des Internets oder später aufkommende Kundenwünsche berücksichtigt.[5]

---

[1] Vgl. Bartel (2000), S. 2.
[2] Vgl. O.V. (2008g).
[3] Vgl. O.V. (2008g).
[4] Vgl. Bartel (2000), S. 4.
[5] Vgl. Bartel (2000), S. 1.

2. Analyse heutiger Shopanbieter

2.1. Kategorisierung der Anbieter

Die Fülle der heutigen Online-Shop-Anbieter ist groß. Das macht eine Kategorisierung der Anbieter erforderlich, um so die Funktionen und Preismodelle gegeneinander besser vergleichen zu können. So wird an dieser Stelle folgende Einteilung getroffen:

- *Mietshop*: Hier werden bestehende Online-Shops und deren Funktionalität vermietet. Das ermöglicht einen schnellen Einstieg im E-Commerce mit vergleichbar wenig Aufwand.
- *Open-Source:* Unter Open-Source sind freie Software-Systeme gemeint, mit denen sich Online-Shops frei konfigurieren kann. Nachteilig ist hier das fehlende Dienstleistungsangebot.
- *Konfigurierbarer Shop:* Bei einem konfigurierbarer Shop wird die gekaufte Software dazu benutzt den eigenen Online-Shop für die eigenen Bedürfnisse zusammenzustellen und zu konfigurieren. Meistens sind hier die grafischen Anpassungen sehr gering, sodass die Kaufsoftware nach wie vor zu erkennen ist.
- *Individueller Shop:* Bei diesem Modell wird nach Vorgaben des Kunden ein individueller Online-Shop zusammen mit Dienstleistern entwickelt. Die Lösung ist optimal auf die Bedürfnisse angepasst. Dafür ist in der Regel auch ein hoher Preis zu zahlen.

In dieser Arbeit sollen die Anbieter der konfigurierbaren Shops näher betrachtet werden.

2.2. Funktionen

Ein Online-Shop bietet eine umfangreiche Menge an einzelnen Elementen und Funktionen. In den nachfolgenden Kapiteln sollen die Elemente eines Online-Shops betrachtet werden, die dazu dienen, für die Kunden verschiedene Services oder auch Dienstleistungen zu erbringen.[6] Auf Grund der Fülle der Funktionen und Dienstleitungen wird hier nur eine übliche Auswahl dargelegt. Weitere Funktionen und Dienstleistungen von Online-Shops sind im Anhang zu finden.

---

[6] Vgl. Bartel (2000), S. 7.

2.2.1. Basis-Dienste

Die sogenannten Basis-Dienste sind Funktionen, die für einen Online-Shop grundlegend und somit unbedingt erforderlich sind. Damit sind alle Funktionen angefangen von der Information des zu kaufenden Produkts, über die Bestellabwicklung an sich, bis hin zur Versand- und Zahlungsabwicklung gemeint. Weitere unabdingbare Funktionen sind:[7]

- Katalogstruktur der eingestellten Produkte
- Produkt- und Angebotspräsentation im Detail
- Bestellfunktion über den Warenkorb
- Einbindung mehrere Zahlungsmethoden
- Sicherheitsfunktionen über die gesamte Bestellabwicklung

2.2.2. Mehrwert-Dienste

Die Mehrwert-Dienste unterstützen die Basis-Dienste und ergeben sich damit erst im Laufe der Nutzung. Es entstehen so neue Funktionalitäten, wie bspw. eine schnelle und komfortable Suchfunktion. Die folgende Auflistung enthält Vorschläge für mögliche Mehrwert-Dienste:[8]

- Suchfunktion über die eingestellten Produkte
- Kundenverwaltung der eigenen Daten
- Favoriten der bereits bestellten Produkte
- Lieferbarkeitsauskunft der gewünschten Artikel
- Bestellverfolgung nach Abschluss der Bestellung
- Lieferungsverfolgung nach der Zahlungsabwicklung

4

2.2.3. Marketing-Dienste

Marketing-Dienste stehen für sich alleine und haben mit den beiden zuvor genannten Diensten direkt nichts zu tun. Sie fördern mehr den ökonomischen Erfolg des Online-Shops. Beispiele hierfür sind:[9]

- zusätzliche Hintergrundinformationen für Kunden
- Sonderrabatte für Online-Shop Bestellungen
- allgemeine Community-Funktionen
- Preisausschreiben zur erhöhten Kundenbindung

---

[7] Vgl. Bartel (2000), S. 7.
[8] Vgl. Bartel (2000), S. 8.
[9] Vgl. Bartel (2000), S. 8.

Die in den obigen Listen aufgeführten Elemente haben keinen Anspruch auf Vollständigkeit. Sie können eher als kreative Ideen angesehen werden, woraus sich neue Funktionalitäten ergeben sollen.

2.3. Dienstleistungen

Im Gegensatz zu den vorher genannten Funktionen und Diensten ergeben sich die folgenden Dienstleistungen nicht aus der Nutzung des Online-Shops, sondern vielmehr während der konzeptuellen und Entwurfsphase. So bieten die Betreiber der konfigurierbaren Online-Shop-Systeme sogenannte Zusatzleistungen an, die vor der eigentlichen Onlinestellung des Shops in Anspruch genommen werden können. Folgende Liste zeigt einen Überblick über die genannten Dienstleistungen:

- Erstellung eines individuellen Shop-Designs[10]
- Eigenes SSL-Zertifikat für die Bestellabwicklung[11]
- Digitalfotografie der eingestellten Produkte[12]
- Individueller Import von Produktdaten aus Fremdsystemen[13]
- Suchmaschinen-Optimierung des neuen Online-Shops[14]

Die genannten Angebote sind zwar nicht im Preis der Software enthalten, bringen aber oftmals einen hohen Nutzen für den Shopbetreiber.[5]

2.4. Preise und Vergütungsmodelle

Bei den Vergütungsmodellen der untersuchten Shopanbieter sind mehrere Ansätze nachweisbar. Einige Anbieter berechnen ihre Preise rein inhaltlich. So existieren Berechnungsmodelle hinsichtlich der eingestellten Artikeln im Online-Shop, der Warengruppen oder der Anzahl der getätigten Bestellungen in einer gewissen Periode.[15]

Einen anderen Ansatz gehen die Anbieter nach, die ihre Vergütungsmodelle rein nach dem Design berechnen. So sind bei diesen Anbietern meistens zwei Varianten verfügbar. Wobei die erste Variante keine individuellen Anpassungen des Designs am Online-Shop möglich

---

[10] Vgl. O.V. (2008a).
[11] Vgl. O.V. (2008a).
[12] Vgl. O.V. (2008a).
[13] Vgl. O.V. (2008b).
[14] Vgl. O.V. (2008c).
[15] Vgl. O.V. (2008d).

macht. Die zweite Variante dagegen unterstützt mit vielen Funktionen die Anpassung des Designs an die Bedürfnisse des Shopanbieters.[16]

Die dritte Gruppe von Shopanbietern berechnet die Kosten nach dem Traffic und dem genutzten Webspace, der durch die Betreibung des Online-Shops entstanden ist.[17]

Bei allen drei Gruppen existiert in der Regel ein monatlicher Grundbetrag oder eine einmalige Einrichtungsgebühr als zusätzlicher Kostenfaktor. Auf Grund dieser Komplexität es unabdingbar, sich ausreichend über die Angebote der Shop-Anbieter zu informieren. Diese Recherche sollte erst erfolgen, wenn man sich über die eigenen Anforderungen im Klaren ist und damit vorab weiß, was der Shop später leisten soll. 6

3. Kritische Diskussion

3.1. Online-Shops als Standard-Software-Geschäft

Eine Beurteilung, ob der Software-Markt für Online-Shops als Standard-Geschäft bezeichnet werden kann, macht eine Abgrenzung der Begrifflichkeiten erforderlich. In der nachfolgenden Tabelle wird die Individualprogrammierung dem Standard-Software-Paket gegenüber gestellt:[18]

Standard-Software	Individualprogrammierung
• fertig entwickelte Anwendung	• Völlig neue Entwicklung nach Vorgaben des Kunden
• fertige Funktionalität enthalten	• Jede Funktion muss neu programmiert werden
• Anpassungen sind möglich	

Tabelle 1: Standard-Software vs. Individualprogrammierung

Ein direkter Nachteil oder auch Vorteil ist nicht zu erkennen. Die Wahl zwischen Standard-Software und Individualprogrammierung liegt eher in den Anforderungen des Kunden. Dabei spielen die Kriterien Funktionalität, Wirtschaftlichkeit, Projekttempo, Einarbeitungsaufwand, Zukunftsperspektive und Abhängigkeit eine entscheidende Rolle.[19]

---

[16] Vgl. O.V. (2008a).
[17] Vgl. O.V. (2008e).
[18] Vgl. O.V. (2008f).
[19] Vgl. O.V. (2008f).

In Anbetracht der wachsenden Anzahl von Online-Shops und deren Verwendung für den Verkauf von alltäglichen Gütern, lässt sich ableiten, dass der Software-Markt für Online-Shops ein Standard-Software-Geschäft ist. Immer mehr Privatpersonen und kleine Betriebe nutzen den neuen Vertriebskanal über das Internet. Dabei bieten die Kauflösungen der Shopanbieter einen schnellen und einfachen Einstieg. Lediglich größere Firm~ ~erden auf Grund der optimalen Prozessintegration auf Individualsoftware setzen.⁷

3.2. Marktsegmente der Shop-Anbieter

Eine Marktsegmentierung kann anhand der Unternehmensgröße erfolgen. So wird der Markt der Shop-Anbieter für Privatpersonen, kleine und mittelständische Unternehmen, sowie Großunternehmen und Konzerne aufgeteilt. Anhand dieser Kategorisierung sind die recherchierten Shop-Systeme für kleine und mittelständische Unternehmen bestens geeignet. Vorausgesetzt eine Privatperson verfügt über genügend Geldmittel, so ist auch dieser Zweig eine potenzielle Kundengruppe. Damit fallen nur die Großunternehmen und Konzerne raus. Die Begründung liegt in den hohen Anforderung bzgl. Des Design und der Prozessintegration. Diese beiden Punkte sind die größten Defizite der konfigurierbaren Shop-Systeme.

Eine weitere mögliche Marktsegmentierung kann über die Produkte erfolgen. So können Massenartikel und Investitionsgüter unterschieden werden. Auch hier eignen sich lediglich die Massenartikel für die konfigurierbaren Shop-Systeme. Investitionsgüter sind auf Grund ihrer Komplexität und oftmals notwendigen Konfigurationsmöglichkeit nicht ausreichend über diese Art der Shop-Systeme umsetzbar.

3.3. Funktionale Defizite

Die Fülle der Funktionen und Dienstleistungen von Shopanbietern lässt keine Wünsche mehr offen. Mit den meisten Lösungen stehen damit keine individuellen Programmierungen mehr aus. Diese Funktionalitäten haben allerdings den Nachteil, dass sie sich nur auf den Online-Shop beziehen. Bereits bestehende IT-Produkte der Kunden sind hier außen vor. Demnach lässt sich der einzigste Kritikpunkt daran ausmachen, dass die angebotenen Online-Shop-Systeme keine Prozessintegration bieten.

Dieser Mangel an Schnittstellen zu externen Systemen kann oftmals die gewonnenen Vorteile eines Online-Shops wieder zu Nichte machen. Wünschenswert wäre eine standardisierte Schnittstelle, über die man Produktänderungen austauschen kann. Des weiteren könnte man über diese Schnittstelle die angefallenen Bestellungen in das Warenwirtschaftssystem übertragen. Von dort aus, könnten dann die Bestellungen weiter bearbeitet werden. Zuletzt wäre dann

ebenfalls die Funktion des Lagerbestandes zu realisieren. Viele Online-Shop-Systeme bieten zwar so eine Funktion, doch muss hierfür der Lagerbestand quasi manuell im Shop-System erfasst werden. Eine Echtzeit-Abfrage zum Warenwirtschaftssystem ist nicht integriert.

4. Zusammenfassung und Fazit

Der Online-Shop als zusätzlicher Absatzkanal ist in der heutigen Zeit für viele Firmen eine Notwendigkeit geworden. Damit verknüpft gibt es zahlreiche Voraussetzungen, die für einen erfolgreichen Online-Vertrieb erfüllt sein sollten:[20]

- Das Produkt muss für den Online-Vertrieb geeignet sein
- Die Gruppe per potenziellen Kunden muss ausreichend groß sein
- Die Preisgestaltung muss nutzer- und wettbewerbsgerecht sein
- Es müssen geeignete Zahlungsverfahren angeboten werden
- Serviceleistungen müssen schnell erbracht werden
- Die Internet-Anwendung muss attraktiv sein

Diese Anforderungen werden nicht immer erfüllt, was zwangsläufig zum Scheitern des Online-Shops führt. Doch selbst wenn diese Voraussetzungen erfüllt scheinen, so scheitern viele Online-Shops wegen funktionellen Entgleisungen. Besonders hervorzuheben sind die Defizite bei der Bestellabwicklung. Käufer schrecken oftmals zurück, wenn sie zu viele persönliche Daten eingeben müssen oder die Sicherheit der Zahlungsmethoden nicht ausreichend erscheint.[21] Aber auch die bereits angesprochenen fehlenden Schnittstellen sind ein Grund für gescheiterte Shop-Systeme.[22]

[20] Vgl. Nitze (2003), S. 10.
[21] Vgl. O.V. (2007a).
[22] Vgl. O.V. (2007b).

Literaturverzeichnis

Das Literaturverzeichnis ist alphabetisch sortiert und innerhalb der alphabetischen Ordnung chronologisch angelegt. Für den Kurzbeleg in den Fußnoten besteht hier keine Gruppierung nach bestimmten Quellentypen.

Bartelt 2000

Bartelt A., Weinreich H., Lamersdorf W. (2000): Kundenorientierte Aspekte der Konzeption von Online-Shops, In: Virtuelle Organisation und Neue Medien 2000, Jg. 2000, H. 10, S. 159-172

Nitze 2003

Nitze. A., Schwesig R. (2003): Fallstudie Online-Shop - Lerneinheit 1, 2003

O.V. 2007a

O.V. (2007): Online-Shops mit Defiziten: Shop-Betreiber bremsen eigenes Wachstum, URL: http://www.tecchannel.de/news/themen/business/486147/, Abruf am 28.01.2008

O.V. 2007b

O.V. (2007): Warum Online-Shops nicht funktionieren, URL, http://www.channelpartner.de/knowledgecenter/smb/248291/, Abruf vom 28.01.2008

O.V. 2008a

O.V. (2008): Weitere optionale Leistungen, URL: http://www.cybershop.de/index.php?id=44, Abruf am 28.01.2008

O.V. 2008b

O.V. (2008): Produktmerkmale der Shop-Software ShopXS, URL: http://www.shopxs.de/index.htm, Abruf am 28.01.2008

O.V. 2008c

O.V. (2008): Strato - Shops im Datail, URL: http://www.strato.de/shops/business/index.html, Abruf am 28.01.2008

O.V. 2008d

O.V. (2008): FAQ für CP - Shop, URL: http://www.sandoba.de/produkte/shop-software-cpshop/faq/, Abruf am 28.01.2008

O.V. 2008e

O.V. (2008): Starten Sie durch mit Ihrem my-Warehouse Shopsystem!, URL:
http://www.my-warehouse.de/, Abruf am 27.01.2008

O.V. 2008f

O.V. (2008): Über den Sinn und Unsinn von E-Business-Software: Software selbst pro-
grammieren? Software kaufen? Oder lieber Open Source Software einsetzen?, URL:
http://www.webagency.de/infopool/infrastruktur/sinn.htm, Abruf am 25.01.2008

O.V. 2008g

O.V. (2008): Elektronischer Handel, URL: http://de.wikipedia.org/wiki/Online
shop#Onlineshop, Abruf am 25.01.2008

O.V. 2008h

O.V. (2008): Funktionen des Administrationsbereiches, URL:
http://www.sandoba.de/produkte/shop-software-cpshop/funktionen-
administrationsbereich/, Abruf am 20.01.2008

Seybold 2007

Seybold R. (2007): Deutsche Shop-Systeme (Übersicht), URL:
http://seybold.de/tagebuch/?p=106, Abruf am 24.01.2008

Anhang

Übersicht nationaler Shop-Anbieter

Shop-Anbieter	Internetadresse
1&1	http://www.1und1.info/xml/order/EshopsHome
Aconon	http://www.aconon.de/
Agoranova	http://www.agoranova.de/onlineshop.htm
Apt Webshop	http://www.apt-webservice.de/
Axinom Enterprise Store	http://www.axinom.de/
aspdotnetstorefront	http://www.aspdotnetstorefront.de/
ASP Webshop	http://www.sam-ip.info/
APRIORI Internet Store	http://www.apriori-internetstore.de/
BOXALINO Web-Shop	http://www.boxalino.de/
Systemshop	http://www.systemshop.at/
Cybershop	http://www.cybershop.de/
Caupo Shop Classic	http://www.caupo.net/
Cosmo Shop	http://www.cosmoshop.de/
Davinci	http://www.davinci-shop.de/de/
dstore	http://www.dstore.de/
Demandware	http://www.demandware.com/
DMC	http://www.dmc.de/
DKN shop	http://www.dkn.de/
Ecom	http://www.ecom-solution.de/
ePages	http://www.epages.de/
Ecotwo	http://www.ecodoo.com/ecotwo.php
Easyshopmaker	http://www.easyshopmaker.de/
e-vendo	http://www.www.e-vendo.de/
Gambio	http://www.gambio.de/
Greatnet	http://www.greatnet.de/
GS Shopbuilder	http://www.gs-shopbuilder.de/
GS-Shop Server	http://www.sage.de/
HIS Webshop	http://www.his-webshop.de/
Hybris	http://www.hybris.de/
Ishop	http://www.ishop.ch/
IntelliShop 4.0	http://www.eurosolutions-gmbh.de/
InterSales.Shop	http://www.intersales.de/
interaktiv.shop	http://www.interaktiv.net/
Intershop	http://www.intershop.de/
Kreativ Factory	http://www.kreativfactory.de/
Loy Kommunikations- und Datentechnik GmbH	http://www.loy-computer.de/
Logisma Business Webstore	http://www.logisma.de/
Mallux	http://www.mallux.de/site_eigener_shop_demo.php
Magazino	http://www.keyseven.de/shopsoftware_onlineshop.asp
Microshop	http://www.microshop.de/

NetShop Pro	http://www.shopxs.de/
Mondo Shop	http://www.mondo-media.de/
my-eshop	http://www.xynx.de/
my-warehouseNetShop	http://www.my-warehouse.de/
OXID eshop	http://www.oxid-esales.com/
omeco® GmbH	http://www.omeco.de/
omnishop	http://www.msg-at.net/
osCommerce	http://www.oscommerce.com/
OMG-Shopsystem	http://www.dehne-internet.de/
parssimonyshop	http://www.parsimony.de/
PhPay	http://www.phpay.de/
PHPepperShop	http://www.phpeppershop.com/
Powergap.de	http://www.powergap.de/
proDesign Shopsystem	http://www.domainpublisher.de/website/shop/index.shtml
Sellit24	http://www.sellit24.com/
Smartstore	http://www.smartstore.de/
Schlund Mietshops	http://www.schlund.de/
Selfmadeshop	http://selfmadeshop.de/
ShopPilot	http://www.shoppilot.de/
Shop-to-Date	http://www.databecker.de/
ShopXS	http://www.shopxs.de/
Snapcart	http://www.snapcart.de/
sib-line	http://www.drmaier.com/sib-line
sGrid™ Store	http://www.satzmedia.de/
SELLTEC Communications GmbH	http://www.selltec.de/
Shopfactory	http://www.3d3.com/
Softsense	http://www.softsense.de/
Store64	http://www.store64.de/
Store Systems	http://www.store-systems.de/
Strato Mietshops	http://www.strato.de/strato_shop/index.html
Tommyshop	http://www.tommyshop.de/
Truition	http://www.truition.de/
Tendero	http://www.tendero.de/
Trade-System	http://www.trade-system.at/
ViA-Shop Business 4.0	http://www.via.de/
Webshop Pro	http://www.databecker.de/
web business shop	http://www.davinci-tec.de/
Websale AG	http://www.websale-ag.de/
Webshopmaker	http://www.webshopmaker.de/
Webmart	http://www.webmart.de/
WEB Business Shop	http://www.shopsoftware.de/
Web Creativ	http://www.webcreativ.com/wcshop.shtml
Xanario	http://www.xanario.de/
XaranShop	http://www.xaran.de/
Xonic	http://www.xonic-solutions.de/
Xsite	http://www.xsite.de/
XTCommerce	http://www.xt-commerce.com/

Tabelle 2: Übersicht über nationale Shop-Anbieter konfigurierbarer Shop-Systeme

Funktionen für den Shopbetreiber

Administrative Funktionen für den Shopbetreiber

alle Einstellungen lassen sich über den Browser bearbeiten

weitgehende Automatisierung des Bestellvorganges und der Verwaltungsarbeit

Rechnungs- und Kundennummern werden automatisch vergeben (nach vorab festgelegtem Format)

jederzeit einsehbare und veränderbare Daten zu Artikeln, Kunden, Bestellungen, Partnern und Kategorien

über Artikelvarianten werden ähnliche Artikel hinzugefügt mit eigenen Preisen, Farben, Größen etc.

Kundenübersicht mit der Möglichkeit, Kunden direkt zu benachrichtigen

umfangreiche Statistiken über Artikelaufrufe, Verkäufe, Bestseller, Durchschnittspreise

Einschränkungen des Geschäftsgebietes auf bestimmte Länder möglich

bereits standardmäßig vorkonfigurierte Zahlungsanbieter, zahlreiche optionale Schnittstellen verfügbar

Email-Vorlagen können nach den eigenen Vorlieben gestaltet werden

es ist eine temp. Umschaltung in den Wartungsmodus möglich (zum Umbau der Struktur etc.)

umfangreiche Suchfunktionen nach Kunden, Bestellungen und Artikeln

Artikel können auf Kundenwunsch auch nachträglich zu einer Bestellung hinzugefügt werden

Kunden können direkt über CP::Shop kontaktiert werden, alternativ ist ein Export der Email-Adressen für den Einsatz eines externen Newsletter-Systems möglich

Benutzergruppen mit spezifischen Rechten für die einzelnen Bereiche des Shops

Import und Export der Shop-Daten (Artikel, Bestellungen, Kunden) im CSV-, Excel-, SQL-, XML- und BMEcat-Format (u.a.) zur Integration in Warenwirtschaftssysteme

Pangora-Anbindung mit automatischer Aufbereitung der Artikel-Daten (Integration der Artikel in Shop-Portalen wie dooyoo, Lycos, AOL, RTL, Fireball, N24 und GMX möglich)

Druckversion für Rechungen im HTML-, Text- und PDF-Format

Speicherung von IP-Nummer und Datum bei jeder Bestellung

stets aktuelle Informationen über den Kunden (Anzahl der Logins, letzter Login usw.)

Etiketten für Briefe (für Avery Zweckform 3660) , Packlisten für den Versand usw. lassen sich automatisch bedrucken

Zahlungs- und Versandarten lassen sich bei Kunden und/oder Besuchern einblenden

Bestellungen manuell hinzufügen und vorhandene Bestellungen zusammenlegen

durch Anpassung dieser Formate ist Anbindung an externe Systeme möglich

alle Daten wie Bestellungen usw. werden miteinander verknüpft

ständige Weiterentwicklung von CP::Shop, bleiben Sie auf dem neuesten Stand

profitiert durch die leistungsstarken Funktionen von Contentpapst (u.a. Caching und Rechteverwaltung)

Meta-Informationen für Artikel und Kategorien werden halbautomatisch erzeugt

jeder Artikel kann durch eigene Parameter beschrieben werden (EAN/UPC, Größe, Breite etc.)

Bestellungen können weitere (für den Kunden nicht sichtbare) Informationen hinzugefügt werden

interne Bestellbearbeitung über verschiedene Stati dokumentierbar (Bezahlung erfolgt, Stornierung, 1./2. Mahnung, Retour usw.)

jedem Artikel ist ein Hersteller zugewiesen

Export der Artikeldaten zu Preisroboter.de, Preissuchmaschine.de, Schnaeppchenjagd.de, Evendi, Milando, Geizhals.at und anderen Shop-Portalen und Produktsuchmaschinen zur Steigerung des Absatzes

Tabelle 3: Überblick administrativer Funktionen für den Shopbetreiber in Anlehnung an O.V. (2008h).